Made in the USA
Columbia, SC
11 December 2022

73443647R00061